Las Aventuras de BJ en el Vecindario

Por: Tomiko Cobb

Ilustrado por: Ika Wahyu

¡Holla!

Library of Congress Catalog Card Number: 2024903430

ISBN: 979-8-9894025-3-3 (hardcover)

Publishing Dreams Agency, LLC.
Snellville, Georgia 30039

Visit us at www.educatedbookworms.com

¡Hola, mi nombre es BJ! Bienvenidos a mi vecindario. En mi vecindario, hay muchas personas importantes. Estas personas ayudan a mi vecindario de muchas maneras.

Cada mañana me levanto, me visto, desayuno y camino hacia la escuela. En mi camino a la escuela, paso por personas importantes llamadas ayudantes comunitarios.

¿Quieres ver mi vecindario? ¡Vamos a dar un paseo!

Panadería
Sugar Mama's

OPEN

Mi primera parada es la panadería Sugar Mama's. La señora Jackie es una panadera y me da una dona y una asignación semanal por llevar la basura al contenedor todos los días.

Dos veces por semana, los trabajadores de saneamiento vienen a recoger la basura.

ABIERTO

Mientras camino por el vecindario, ¡veo a mi nuevo amigo James! James y su papá viven en una granja con cabras, cerdos, ovejas y vacas. Hay un gran campo de maíz detrás de su casa. Su papá es agricultor.

J.W. Farms

Mientras sigo caminando por la calle, el Sr. Davis, el gerente de la tienda de comestibles, está abriendo la tienda. Vamos allí a comprar alimentos y artículos para el hogar.

A la vuelta de la esquina está la estación de bomberos. Los bomberos rescatan a las personas de incendios y accidentes.

ESTACIÓN DE BOMBEROS

STOP

¡Mira allí! ¡Es el Policía Sr. Friendly!

A medida que me acerco más a la escuela, un oficial de policía nos ayuda a cruzar la calle de manera segura. También ayuda a proteger el vecindario.

Al pasar por la clínica del vecindario, recuerdo cuando era más joven, fui allí para un examen médico para la escuela.
Los médicos y enfermeras te atienden cuando estás enfermo y te ayudan a llevar un estilo de vida saludable.

CLÍNICA

OPEN

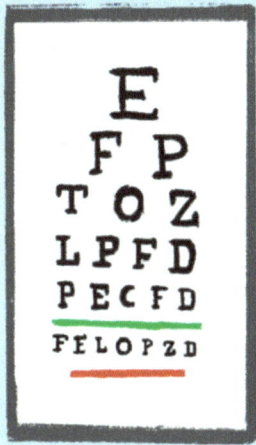

OFICINA DE CORREOS

POST

Puedo ver mi escuela a unas cuadras de distancia.

¡Casi lo olvido! Mi mamá me pidió que enviara una carta por ella. La oficina de correos está cerca de mi escuela. Los carteros son las personas que trabajan en la oficina de correos y entregan el correo por todo el mundo.

Finalmente, la Sra. Nelson está esperando frente a nuestra escuela.
"Buenos días, BJ", me dice. "Buenos días, Sra. Nelson", le respondo.

Mientras me siento en nuestra clase y escucho a la Sra. Nelson enseñar,
miro por la ventana a mi vecindario y sonrío...

¡Amo mi vecindario y a todos los ayudantes comunitarios que lo hacen un lugar mejor!

PREGUNTAS GUÍA:

¿Qué es un ayudante comunitario? ¿Qué hace una comunidad?

¿Cuáles son algunos nombres de ayudantes comunitarios en tu vecindario?

¿Qué tipo de uniforme usa tu ayudante comunitario?

¿Qué herramientas usa tu ayudante comunitario?

¿Qué tipo de ayudantes comunitarios se pueden encontrar en una comunidad rural, pero no necesariamente en una comunidad urbana?

¿Cuáles son los deberes, uniformes, responsabilidades, lugares de trabajo y herramientas que usan los ayudantes comunitarios?

¿Cómo hacen los ayudantes comunitarios que las comunidades sean mejores lugares para vivir?

¿Qué es una ocupación?

El Fin

www.ingramcontent.com/pod-product-compliance
Lightning Source LLC
Chambersburg PA
CBHW040812300326
41914CB00065B/1495